目　次（土台編）

1　「目」で育てる　（3頁）
2　膝と股関節をほぐす　（5頁）
3　足をほぐす　（6頁）
4　肩から手の緊張をほぐす　（8頁）
5　膝と股関節の緊張をほぐす　（9頁）
6　身体のまっすぐをかんじる　（10頁）
7　首のすわりをうながす　（11頁）
8　赤ちゃんの背骨のゆらし　（12頁）
9　ひざを使っての背骨のゆらし　（13頁）
10　介助での背骨のゆらし　（14頁）
11　赤ちゃんのねがえり　（15頁）
12　ねがえり運動の介助（前半）　（17頁）
13　ねがえり運動の介助（後半）　（18頁）
14　背骨のほぐし　[A]　（19頁）
15　背骨のほぐし　[B]　（20頁）
16　胴体のゆがみをとる　（21頁）
17　足の親指への働きかけ　（22頁）
18　手のひらきをうながす　[A]　（24頁）
19　手のひらきをうながす　[B]　（25頁）
20　四つバイ・高バイ　（26頁）
21　手おしぐるま　（27頁）
22　体幹の力をそだてる　（28頁）
23　胴体の力をそだてる　（29頁）
　　股関節のほぐし　（29頁）
24　胴体ドン！　（30頁）
25　ロールマットでの前まわり　（31頁）
26　ロールマットなどでの後ろまわり　（32頁）
27　「そり」と「背およぎ」　（33頁）
28　身体のゆさぶり　（34頁）
29　両生類のようなハイハイ運動　[A]　（36頁）
30　両生類のようなハイハイ運動　[B]　（37頁）
31　両生類のようなハイハイ運動　[C]　（38頁）

★付帯資料・・斎藤公子のリズムあそび　[理論編]　（39～48頁）

目　次（歩行から舞踊へ）

1　うさぎ　（49頁）
2　きんぎょ　（50頁）
3　おうまの親子（その1）　（52頁）
　　おうまの親子（その2）　（53頁）
4　めだか　（54頁）
5　どんぐり　（55頁）
6　かめ　（57頁）
7　あひる　（58頁）
8　かける　（59頁）
9　とんぼ　（60頁）
10　汽車　（61頁）
11　かえる　（62頁）
12　コマコマまわれ　（63頁）

13　おーじーさん、おーばーさん　（64頁）
14　自転車こぎ　（65頁）
15　つばめ　（66頁）
16　両生類のハイハイ運動
　　　　　　　（その1）　（67頁）
　　両生類のハイハイ運動
　　　　　　　（その2）　（68頁）
17　背およぎ　（69頁）
18　ソリあそび　（70頁）
19　手おし車　（71頁）
20　金太郎とくま　（72頁）
21　ボート競走　（73頁）
22　スケート　（74頁）

第二章

23　キンキンきれいな　（75頁）
24　小鳥　小鳥　（76頁）
25　毛虫から蝶へ　（77頁）
26　三人おにごっこ　（78頁）
27　スキップ　（79頁）
28　二人ぐみのスキップ　（80頁）
29　横のギャロップ　（81頁）
30　ポルカ　（82頁）
31　肩甲骨の脱力　（83頁）
32　ちょう（その1）　（84頁）
　　ちょう（その2）　（85頁）
33　海だ　海だ　（86頁）

1 「目」で育てる

土台編

両足をカエルのようにひらかせて正面だきにして、しっかり目と目を合わせます。

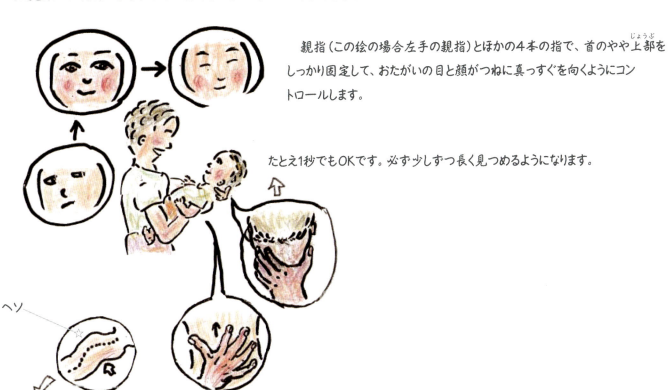

親指（この絵の場合左手の親指）とほかの4本の指で、首のやや上部をしっかり固定して、おたがいの目と顔がつねに真っすぐを向くようにコントロールします。

たとえ1秒でもOKです。必ず少しずつ長く見つめるようになります。

赤ちゃんの背中を支える場所は「おへそ」のちょうど真裏です。あなたの手をしっかり広げて背骨がS字状になる感じでささえます。また赤ちゃんの股関節とあなたの腹部をしっかりと密着させることも秘訣です。

（１）の「　目で育てる　」へのコメント

斎藤公子氏はこの抱き方を「２時間も続けられた」ことがあります。　私自身は40分ぐらいの場面に出会っています。　先生は赤ちゃんをだいたままハンカチで汗を拭きながらの40分でした。　しかし残念なことにその日までに、わたし自身がこの体験を完全には体得していなかったのでした。

　しかし後日、絵のように目と目があう、そしてある瞬間から赤ちゃんの目の奥底としっかりつながる、そしてしばらくして絵のように赤ちゃんはこの世にこれ以上ないほどのこうごうしい表情とともに薄ーく眼を閉じます。　それは眠るとはちがう「まどろみ」のように見えます。

　先生の2時間というのはこの全過程を考えてのことだったと思います。

　しかし逆に、アルゼンチンで最重度の我が子に初めて正面から顔を見、瞳をのぞいた親たちは、たとえまだ十分瞳が開かなくても、またそれがたった10秒であっても、振り返った時の穏やかな自信と確信に満ちたその目は、「この子自分で育てます」と語っているのでした。

　なお脳科学の専門家は、視覚については赤ちゃんは大人とは別の脳を使って見ていると指摘されています。　重度の障がい児も同じでしょう。　ですから目を開くことがどんなに不十分であってもこの援助は特別に大切と思います。

② 膝と股関節をほぐす

膝の下のへこんだところはリラックスできるポイントですが、そこにだけ触れるのでなく、膝をふくめたその周辺です。

膝とあなたの手が接触している部分を必ず床と平行にやさしく前後にうごかします。なお押すことが中心であり、わざわざ引いたりはしません。またここでは赤ちゃんの膝を同時に動かしている図ですが、[土台編の23の下の段]で紹介している「ねこちゃんの自転車こぎ」はさらに有効な方法です。

○ 上下が一体となった「つなぎ」を着ている子がいます。しかし日々成長する幼児の身体のことを考えると、上下に分かれた衣類をおすすめします。

（　ヒフや関節をほぐす・さする　）

肩や腕は両手で上下にはさむようにしてほぐします。なおこの絵では裸の状態を描いていますが、衣類を着たままをおすすめします。そして身体をしめつけない服と肌の間にあなたの手を入れて行います。その方がふしぎなほどほぐれ、さらにとても喜びます。腹・胸だけでなく、両手で上下にはさむようにして肩や腕、さらに手首近くまでほぐしてやりましょう。ヒフのざらつきなども観察します。

[コメント]　こうしたスキンシップやボディータッチは、今のお母さんは昔にくらべ少なくなっているのではないでしょうか。特別な時間を作らなくても、オシメを取り換えるたびごとにカエル足にして両足を外側にまわしながらほぐしてやりましょう。もちろん必ず声をかけながら。昔と違い取り替える回数も少ないでしょうから、オシメを替える時は必ず身体もほぐすこととしましょう。

③ 足をほぐす

《 足に「圧」をかける 》

足のいろんなところを、かための粘土をにぎるみたいに、しっかりめに「圧」をかけます。（ さらにたとえて言うと、何メートルもの深い水中では全方向からの強い圧がかかります。 そういう圧のかけ方でのみ足につながる脳の部分に本当の刺激が届くのです。） ともかくさまざまな箇所に圧をかけることが肝心です。

片手でもよいし両手でもよいです。

足の親指へはそのまま強くにぎったり、そのつけねをかかとの方向に強く押したりと念入りに行います。

《 お湯の中で 》

お湯の中でも上と同じように圧をかけます。

イスに座って　　イスに座ることもむつかしい子には、テーブルの上などで横になったまま援助します。

- 方法としては4～6秒間圧をかけて、4～6秒をかけてゆるめる‥をくり返します。 ゆるめる時は急でなくなごりをおしむような感じでゆっくりはなします。

- 障がい児へも同じ援助をおこないますが、そのさい時々「膝」にもお湯をかけてやるとリラックスが倍増します。

- お湯の温度は、ほんの少しぬるめのお風呂程度と思います。 もちろん季節や地域による考慮もあるでしょう。 あと金属製などの材質によって冷めやすいものはさけましょう。 途中からはたし湯などもして湯が冷めないようにしましょう。

（３）の「足をほぐす」へのコメント

　この「足へ圧をかける」ことは現代では特別に重要です。　筆者などの子供の頃は、生活のなかで気がつくと素足で外（当時は土でした）で遊ぶこともありました。　また人類の遠い祖先は、足の裏で木も掴んだことでしょう。　ところが現代は年中靴下をはくなどの生活が多く見られます。　しかし脳の中には足裏への様々な神経がそなわっているはずなのに、それが活躍する機会は薄いといえます。　いっぽう脳科学の見方からすれば、それは老人医療などで使われる一種の「廃用症候群」のような姿とも言えます。

　もちろん一生素足で過ごすことを勧めているわけではありません。　どうか赤ちゃんの時こそ、こうした「足や足裏への刺激」を考えて行きましょう。　それは健康な脳を育てるうえで必要なのです。　また、斎藤メソッドで行う「両生類のようなハイハイ運動」の時、援助者が疲労困憊して援助しなくても、子供たち自身が、足の5本の指を柔軟に使って自在に這うことができることにもつながります。

4 肩から手の緊張をほぐす

しめつけない衣服を着たまま、トーフやプリンを上下にはさんで形がくずれないような感じで、肩から始めて手首までほぐしていきます。

あなたの上の手は力をぬいて、主に下の手でほぐします。　またほぐす両手は同時に動かすのでなく、下の手の動きに対し上の手が少し遅れて動く・・ちょうど何かをもみほぐすように動かします。　また肩から手までは均一なはやさでなく、まず肩をしっかりほぐし、そこからは関節・関節のところで時間をかけて・・ちょうど川の流れが岩の所でゆっくりとなるような感じで行います。

↓ あなたの手

最後にあなたの手を裏返して、その子の指先からそっと離します。

この図はその子の左腕を援助した時の図となっています。

- このメソッドでは「ほぐす」という言葉が何回も出てきます。　「もむ」でもなく「さする」でもない「ほぐす」という感覚を身につけましょう。　たとえて言うと、ブヨブヨとあなたは手を動かしているけど、あなたの手は服に密着したまま・・などの感じです。

- 「肩のほぐし」は大人がやっても気持ちのいいものです。　ですから障がい児の発達相談の時などは、子どもだけでなく親にもやってあげるようにしましょう。

- 私は以前、最後に「手の平」で「なで切る」感じで援助していました。　しかしこれですと、せっかくほぐれた緊張が再度発生するというジレンマをかかえていました。　この図のように<u>手の平を返して自然に離す</u>と、緊張が取れた状態で終えることが出来るのです。

膝と股関節の緊張をほぐす

膝の真裏に手を入れてグッと持ち上げ、そのまま膝の裏をしっかりめに2～3回床と平行に押します。

そしてこんどは膝のすぐ下あたりを頭の方向に何回か押します。

片方の手は膝よりすこし上あたりに軽く置きます。

凹みのところがツボですが、それは意識だけして膝をふくめた周辺を押します。

- なお、これらの運動は必ず左・右の両方をおこないます。これは他の運動でも同じと考えてください。

- なおこの冊子で「平行」という援助が何回もでてきますが、100％平行に援助できるようにしましょう。それは、ほんの少しでも下向きの力がかかると、その子の脳は「上から変に押さえつけられている」とだけ感じてしまうからです。

[コメント] この場面は、斎藤先生はとりわけ重視して取り組んでおられました。まずこの絵の場合の援助者の右手の膝の裏の位置ですが、「ひざ裏のちょうど直角に折れる位置」をしっかりと探ります。この位置がほんの一センチでもずれていると「快」のサインが身体に発生しないからです。つぎに頭の方向に向かって押すのは相当しっかり目に押します。それは単に膝だけでなく「股関節や胴体への必要な刺激」を兼ねているのです。

[6] 身体のまっすぐを感じる

（4）～（5）の緊張をとる援助が終わってもまだ身体がまっすぐでなかったら、やさしく声掛けします。それでもまだ曲がっていたら手をかけてまっすぐにしてやります。

なお、一連の援助の時の腕は自然に上ですが、最後にこのように腕を自然に下げて終わらせると、とても落ち着いた気持ちで終えることができます。

「ほぼできている」で終了しないようにしましょう。ほんの少しの修正でもその子の脳にとってはとてもスッキリした感じが体験できるのです。大人でも同じです。是非やりあってみてください。

○ 一般に身体が傾いていれば脳もバランスを失った状態となります。

[コメント] この冊子の「理論編」で「身体の一部を固定する能力」についてのべていますが、この「身体のまっすぐ」も考えてみれば、身体のいくつかの場所を「固定する」ことによって成立します。

また首が傾くと、見る力を発揮するための脳の位置が定まらないことを意味し、首と頭部の自然な固定によって「見ること」とあわせ「思考すること」ことの安定にもつながると思われます。

なお、このリズムだけを単独で行うことはあまり無いと思いますが、他のリズムあそびなど（例えば金魚運動とか）のあとに、この「身体のまっすぐを感じる」場面を提供してやるなどがいいのではないでしょうか。

7 首のすわりをうながす

その子のおヘソの真うしろが、あなたの膝の間にくるようにします。そして たがいに両腕をのばした状態で、あなたの身体を後方に倒しながら少しずつ引いていきます。土台 (14) で紹介している「膝の上での背骨のほぐし」と一緒にもよいでしょう。

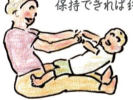

その子のできるレベルまで持ち上がったらそこでとめて、何秒か保持できれば終わりましょう。

2〜3回もやれば十分でしょう。

あなたの親指をにぎらせます。

- あなたが両腕をまげて引きますと、あなたの肩の緊張がそのまま子どもに伝わってしまいます。

- 身体の小さい子なら最後にだいてそのまま後ろにたおれて、背中をさすってほめてやりましょう。

- ♪歌はなんでもいいのですが「おふねはぎっちらこ」などをゆっくり歌ったりしています。

⑧ 赤ちゃんの背骨のゆらし

（ 金魚運動 ）

首が十分にすわりきっていない時は、バスタオルを巻いたものなどを脇の下にいれます。　ただ小さすぎない大きさにします。

オヘソのすこし下あたりを、片手を大きくひらいてあなたの肩や腕の力を完全にぬいて、ごく自然な感じでゆらします。

なお、このように臀部をゆらす方法のほかに、赤ちゃんの腰からおへその裏にかけて手をおいてゆらす方法もおすすめです。

（直接ゆらす方法）

そのとき片手は必ず腰の骨にかかるようにします。

身体のちいさい子ならテーブルの上でも行えます。

- 下の方法は背骨が異常にかたい障がい児への最初の段階の援助です。　小さい子は一人でOKですが、大きい子には両側から二人で手を差し入れて援助します。　成人の場合で計4人で援助したこともあります。

- 「金魚のひるね」の歌をうたってやります。

- 援助者に「手のちからを抜いて‥」と助言してもどうしても押さえてしまうことがよくあります。　そんな時、手の平をひっくりかえして手の甲でゆらして、力を抜く感じをつかんでもらっています。

あかいべべきた　かわーいー　きんぎょ

おめめを　さませば　ごちそう　するーぞ

【　コメント　】　下の段の「直接ゆらす方法」についてですが、アルゼンチンでは最重度の障がい児には医療側があまりかかわりたくないという傾向が見られ、何年も放置されている障がい児や、リハビリを受けていてもヒモでしばって立つ形のみを求める傾向もあり、背中がまるで大理石のようにかたい障がい児が多かったので考案したものです。　日本ではあまり考えられませんが、大人同士でやりあってみるのも、きっと何かの参考になると思います。

9 ひざを使っての背骨のゆらし

(金魚運動)

足はひざの上でささえるだけです。 あなたの手でなく腰を左右に動かして「ゆれ」をつくります。 ですからあなたが手を離したとしてもゆれるわけです。

あなたが身体のちからを抜いて自然体でやれば、頭の先までゆれがとどきます。

 ➡ 手をそえる場所は足の甲のこの位置ですが、ほんの気持ちだけそえるだけでいいのです。

足首は絶対もたないでください。 これはほかの援助でも同じです。

○ 両手は肩より上の位置で自然に広げます。 肩より下にするとゆれが胸までで止まってしまうのです。

○ 手をそえる足の甲の場所は緊張がほぐれるツボでもあります。 大人どうしで事前にやりあって確認しておきましょう。

《自然にゆする》

[コメント] 絵では十分描ききれていませんが、子どもの足裏をあなたの腹部にピッタリとつけると、子どもはさらにリラックスできます。 なおこの方法の他に、[その子の脇に直角に正座し、両手を「ヘソ」の上あたりに軽くおいて自然にゆする方法 《上の右にスケッチあり！》]をお勧めします。 私も多用しています。 その場合の援助者の足の親指は必ずしも立てなくてもよいかと思います。

⑩ 介助での背骨のゆらし

(金魚運動)

《 上向き 》

→ 中心の援助者は、斜めの位置から腰を両手ではさむようにしてゆすります。

→ 膝の上にのせ、足の甲をかるくささえます。

おさえるのでなく、緊張をとるための援助です。

《 下向き 》

→ おなじく斜めの位置からゆすります。

→ 親指をたてさせ、両カカトを合わせます。

● この援助は比較的重度の障がい児への援助方法です。中心の援助者は斜め位置から、自分の足指を立てて、少し腰を高くして援助するとゆれが伝わりやすいです。なお「腰骨」に半分ぐらい手がかかる位置でゆすることもポイントです。

● 下向きのへの援助で足を担当する援助者は、「足指が床にきちんとついているか」、「踵がきちんと合わさっているか」など、必要なら両手を使って、丁寧な援助を心がけましょう。

赤ちゃんのねがえり

1. 膝頭を親指と人さし指（中指をそえる時も）でつまむようにして矢印の方向に何回かほぐします。

2. おしり（腰）を半分ひねり、足の親指を床にしっかりつけます。

3. 足の親指は、そのまま床から離れないようにして‥

4. さらに腰を押して寝返りさせます。

- 寝返りを始める少し前の時期から取り組みましょう。障がいの子も含め、2の位置で止める（待ってやる）と自分で胴体をねじろうとする動きが出ます。この瞬間がとても大切です。

- 首がまだ十分座っていない子へは、身体を全部回転させないで4の位置で終えるようにします。

- なお、2で足の親指を向こう側の床につける時、斎藤先生は「親指をよくふりながら」おこなっておられました。

（１１）の「赤ちゃんのねがえり」へのコメント

☆　斎藤先生のもとで「寝返りの大切さ」は一般的にはわかっていたつもりでした。　しかしアルゼンチンで最重度の、例えば１４年間ほとんど天井だけを見て生きてきたマガリーちゃんに、初めて寝返りを、それは左側へ、わずか角度２０度程度でしたが、彼女は大きく目を見開いて叫び声をあげ、終わってもしばらくは驚きと喜びの表情が消えませんでした。　たった一回の寝返りがそんなにも身体の芯にとどく‥その時私は、斎藤先生がいつも「寝返りは丁寧に」と言っていた意味の入口にようやく到達できたように思いました。　現地での活動を終了する時、「半年後までは左への寝返りは９０度、右へは４５度」など、それぞれのメニューの向こう２～３年のプランを示して帰国しました。

☆　このプロジェクトをすすめた私どもの「ＮＧＯ南米ひとねっとハポン」は【　お父さんの背中と大地だけでも　】というキャッチコピーを有しています。　ヒノキの床など望むべくもない異国の環境では、お父さんの背中や大地でさえ療育の場とする‥という意味です。　そして今一つは、お父さんの背中を使って寝返りをさせる斎藤先生の手技のことです。　それはお父さんの背中に赤ちゃんを上向きに乗せほんの少しずらします。　すると赤ちゃんはそのまま落っこちるのでなく、落ちまいとして胴体を反対側にねじり、自然な寝返りが生じるのです。　その場面の一瞬の鮮やかさも含めてキャッチコピーにしたのです。　このことを先生に話すと「そんなことした？」とあっさりした反応。　そうかもしれません、敷物が用意されていない環境でのとっさのアイディアだったのかもしれません。　なにしろ先生の一瞬一瞬は「奥深いひらめき」にちりばめられていたでしょうから。

12 ねがえり運動の介助（前半）

膝のちょうど真後ろの所をしっかりさぐり、この手の形でグイッと上げます。

片手、あるいは両手で膝を何回か床と平行にしっかり押します。

腰（おしり）を向こう側にすこし押し、親指をつまんですこし振ってから床につけます。

足・腰のひねりにつられて胴体や頭が回転してしまわないようにします。
介助者の手。

胴体をゾウキンのようにしぼった状態を3～4秒保ってから、最後はグイ！と反動をつけるように強めに押します。

● 障がいなどで、床につけた足の親指が横をむいたり床から離れてしまうようなら援助者を1人つけます。

● なお遊びとして「コロコロどんぐり」などと、床をすばやく気ままに転げてぶつかり合ったりしても子どもは喜びます。 ぶつかったら逆の方向に転げます。
　よく、ぶつかりそうになると動きを止めたりする姿を目にしますが、おかまいなしにころがる（だからいっぱいぶつかる）ことがこの遊びのおもしろみです。
　大人も一緒にやりましょう（もちろんわざとぶつかるようにね）。 また「コアラのどんぐり」などと言って、スローモーションのような場面も入れたりしてみしましょう。

[コメント] 4の図で言うと援助者の左の腕の使い方がとても大事です。 手の平を自然に開いて、接触させるのでなく、羽毛のごとく耳のあたりに置き、胸・腹部をブロックする（結果としてしっかりこする）感じで援助し、腰は向こう側へ胴体は手前にと、まるで雑巾をしぼるような体感を味わえるようにします。

⑬ ねがえり運動の介助（後半）

 後半も足指が床にしっかりとついた状態から始めます。

 ここでも耳の横に手の平をかるくおきます。

からだを雑巾のようにねじるのは前半とおなじです。
そして最後は腰をグイッと反動をつけるように押してフィニッシュとします。

 かならず反対側へも行います。

- 6の図で胴体をブロックするようにねじった時、そのまま3～4秒間止めてやるといっそう気持ちのいいものです。

- 5の図の状態から脚をクロスしますが、つけねからクロスすることが肝心です。しかし膝から曲げてしまうことが多いものです。そのため初心者や障がい児には、膝には手がふれないようにして、膝の上部の腿と、膝の下部のむこうずねあたりを両手で丁寧にクロスさせてやる援助をおこないます。

14 背骨のほぐし [A]

(膝のうえで)

あなたの膝のあいだに、その子のヘソの真後ろがくるようにしてのせます。そして、少しこきざみなリズムで、あなたの膝を上下に振動させます。

ときどきあなたの膝を山のようにしたり、逆にストンと下げたりして変化をもたせます。

(お馬さん)

膝の上にうしろからかかえてのせ、あなたのカカトをリズミカルにうごかします。

手首をつかむのでなく、あなたの親指をにぎらせます。

- （膝のうえで）では、図解（2）で紹介しているヒフのさすり（ほぐし）をしてもいいでしょう。

- （お馬さん）で、体幹がしっかりした子には、途中から「ハイヨー」とかけ声をかけて、にぎらせた手を「たずな」みたいに動かして、上下の振動も大きくしてやるとさらに喜びます。

15　背骨のほぐし[B]

（　馬の背にゆられて＝モンゴルの赤ちゃん　）

膝の上に、その子の手足の力をぬかせて上向きにのせます。

これも振動させるのはあなたの膝でなくカカトです。

うたってやる歌はなんでもいいでしょう。

○ これらの運動は、障がいの子や発達に課題をもっている子には脳に負担のかかる運動です。　そのため苦痛表情を示したり身体を激しくのけぞって嫌がる時は、もっとやさしい基礎的な運動（あそび）にもどして、その子が喜ぶ運動をこころゆくまでやることが大切です。

《おこめやさん》

「お米は入りませんかぁ～」と呼び声をかけながら優しく歩きます。　10歩ぐらい歩いたら、受け取る保育者やお母さんなどが「いりますいります」と言ってから、お米屋さんの人が安全に気をつけながら「ポーン！」と投げわたします。

（　かわいい魚屋さん　）

（♪かわいい　かわいい　魚やさん～♪）の歌で、背中にエビぞりにかかえて、すこしゆさぶりながら歩き、お客やくの人が「いります、いります！」と言って身体を渡す‥という遊びも楽しいはずです。　日本の昔のあそびです。

小さい子を向こう向きに立たせ、子どものわきの下にあなたの腕をしっかりとおし、こすり合わせるように背中にずらして子どもを横向で背中あわせにします。

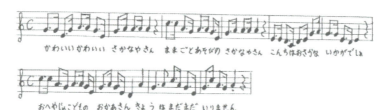

【　コメント　】　ところで、アルゼンチンで金持ちの家の障がいの子が、「乗馬療法」をしている場面に何回か遭遇しました。　日本では一般的ではありませんが、「セニョール・ハラヤも真っ青」なほどの大きな効果を示していました。　昔モンゴルの赤ちゃんは馬にゆられて育つので障がい児が少ないという風評を聞いたことがありますが、あながち‥と思わされました。

16　胴体のゆがみをとる

（　上むき　）

ロールマット（長いマットを巻いたものなど）やフトンを巻いたものの上に、上向きにのせ肩や胴体をほぐしたり・さすったりします。　そのとき薄着の服の下にあなたの手を入れて、腹部や肩、さらに上腕まで素手でさすってやります。

（　下むき　）

つぎに下向きにして背骨のゆがみを中心にほぐしたり、さすったりします。　ここでも背骨の両サイドや背中一面をあなたの素手でさすってやります。　またロールマットなどを少し前後にゆすることもおすすめです。

下向きの時には、その子の臀部から膝のうしろ側に、あなたの腹部をあずけるようにしっかりと密着させるとその子はよりリラックスできます。

- ロールマットやフトンなどの安定感（質感）のあるものを使用し、空気の入ったビニール製の大型ボールはさけましょう。　大型ボールなどは、上に乗っているだけでバランスをとろうとして緊張が発生するのです。

- また素手でさする方向は下から上へと、時計回りがおすすめです。

17 足の親指への働きかけ

（ 斜面で ）

ただ斜面におくだけでいいのです。すると健常な子はずりおちまいとして、自然に足の親指を立てます。

足指をあまり使おうとしない子や障がいの子などへは、上からさそう人と胴体や足指を援助する人とでおこないます。

- 斜面の板は家庭などではあまりこだわらず、普通のコタツ板などで代用できます。

（ 「よこ」からさそう ）

横の位置からおもちゃなどでさそいます。

さそう側の足の親指を基点にまわろうとします。

- 「よこ」にさそう時は声がけを同時にしますが、おもちゃなどがあまり手に近くないようにします。そしてその子が手をのばした時、あなたもその子の足側へ旋回する感じで動くのがコツです。またあなたの位置は真横でなく、やや足側の位置です。もちろん最後はその子がおもちゃなどをつかむことができて終わりとし、必ずねぎらってやりましょう。

（１７）の「足の親指への働きかけ」へのコメント

☆ 足指への援助はこの本の理論編で「身体の一部を固定する能力」として解説していることにかかわる援助です。　現代では健常とされる赤ちゃんでも本来そなわっているはずの足指、さらにその親指をしっかり使う子は少なくなっています。　いわゆる首が座る時期を見極めて行いましょう。　その意味ではアプローチできる期間は短いといえます。　また親指の反応が弱い時は［３］で紹介している「足への圧をかける」こととあわせて取り組みましょう。

☆ 斎藤先生の文献には「身体の一部を固定する能力」という言い方は出てきません。　しかし「床をいざるようなリズムあそびを、今はしていないが昔はしていた。　それはそのメニューに意味が無いということでなく、ある種の障がいの方の動作を連想させるから」という意味の話を聞いた記憶があります。　私は「イモムシ」のように［身体の後部を固定して前部を少し前に移動させる、次には身体の前部を固定して後部を前に移動させる］‥などのイメージを持っています。　しかし考えてみればほとんどの動作や運動は、身体の一部を固定することを前提として行われます。　今後メニューに導入できるかどうか検討してみたい課題です。

☆　［　段差のこと　］　足の親指の問題で思うのは今の子どもたちは<u>段差のあるところを歩く（散歩する）</u>ことが非常に少ないことです。　多くの公園は段差という考えなく作られています。　あっても子どもの発達とはあまり関係ない段差となっています。　大事なのは<u>**思わず手を使わなくては登れない**</u>場所なのです。　場合によってはお母さんたちのグループで、土地の持ち主にお願いをしてはどうでしょう。　もちろん感謝の気持ちを何かで表現して、そして節度をもって。　一番は仲良くしてもらうことですよね。

18 手のひらきをうながす[A]

（　両手を自由にして　）

おもちゃ

わきの下にバスタオルをロール状に巻いたものを差し入れて、両手を自由にして木製のおもちゃなどであそばせます。

（　手をふりおろす　）

腰を横からしっかりささえ、健常児の赤ちゃんなら10〜15センチ、2歳児前後なら20〜40センチの高さから床に向かって「ふりおろす」感じで近づけます。するとパッと手を開いて床に手をつけます。この時、頭が上下に揺れるなどが見られたら、とりくむのにはまだ早すぎると考えましょう。

- わきの下にいれる巻いたバスタオルは小さすぎないようにします。またおもちゃは決してプラスチックなどでなく、質感のしっかりあるもの（筆者はよく台所にある安全な食器などを使っていました）を使用します。

- 両手をふりおろす運動は、いわゆる赤ちゃんの発達診断に利用される「パラシュート反射」で、8〜9か月ごろからが対象と思います。ただ、ここではあくまで「あそび」ですので月齢のことにあまり神経質でない形をのぞみます。

- 「手をふりおろす」方法は他にもカエルのように腿を開かせて、その間にあなたの身体を入れ密着させて行う方法もあります。ただ私はこの絵のような方法を多用していました。というのは、そのまま「横抱きの赤ちゃんの手おしぐるま（図解21）」や「でんぐり返し（図解24）」にたやすく移行できるからです。いづれにしても開始する時期は完全に首がすわってからとなるでしょう。

19 手のひらきをうながす[B]

（ 両手を自由にして ）

水かぬるま湯

水のなかには特におもちゃなどは入れません。

わきの下にバスタオルなどをロール状に巻いたものをいれて、両手を自由にさせて遊ばせます。ただ巻いたものが小さすぎないよう注意します。

（ タライに入って ）

タライにぬるま湯を入れて、はだかで遊ばせます。夏でも冷水でないほうがよいでしょう。

一人で入るより、二人で入るとなお喜びます。なお、タライが大きすぎないよう注意しましょう。逆に小さいぐらいのほうが楽しいのです。

- 両手を自由にしてタライであそぶのは、首が完全にすわっていなくても、わきの下の丸い敷物が、首が下がっても支えてくれるので、あなたがそばにいれば大丈夫です。

- 身体の大きくなった障がい児の場合でも、タライやミニプールの外から援助するだけでなく、あなたも水着になっていっしょに入ることが大切です。

20 四つバイ・高バイ

（ 四つバイ ）

足の親指は付け根までしっかり使います。

赤ちゃんの四つ足ハイハイの形ですすみます。

（ 高バイ ）

四つバイからそのまま腰をうんと高くしてすすみます。

両手はつねにしっかり開きますが、顔が下を向かないでななめ前方をみること、カカトもしっかり上げることなどもポイントです。

- これはややもすると、トコトコと足の指があいまいな形で四つバイしてしまいがちです。大人が一緒に意図的に丁寧にやってみせるようにしましょう。

- 歌は[こうま] ♪ハイシ ハイシ あゆめよ こうま‥♪を歌っています。四つバイから高バイに移る時は、「こんどはお兄さん馬」などと声がけしましょう。

[コメント] 障がいなどで難しい時は、この冊子の「後編の17のコラム」で紹介しているゾウキンがけを一緒に楽しくやりましょう。十分すぎるほどの効果につながります。その際、ゾウキンがけの形などはあまり問題ではありません。大事なのは、足の親指がひれ足でなく使えているかなのです。

21 手おしぐるま

腰をうしろからしっかり抱えて、少しだけ前進したりまわったりします。腰だけでなく体幹もささえるようにすると一歳未満児や障がいがあってもできます。
　その子が小さければ、あなたがひざ歩きをします。

つぎのレベルとして、モモを高く小わきにかかえるようにして行うと子どもはとても気持ちよくできます。

胴体がじゅうぶん育った子には、足をもってすこしテンポよく歩いたりできます。ただ足をもつ子より、車役で歩く子の体幹が育っていないと、身体を保とうと緊張が入り、そのことで足を持つ子にも緊張が伝わり、グラグラしてしまう姿を目にすることがあります。そういう時は、ひとつ前の「小わきにかかえる」方法にもどして楽しくあそばせましょう。

● [横だきの手おしぐるま] 障がいなどで股関節が固く、両足が開きにくい子には、横からその子の腰と腿に両手をまわしてささえておこないます。

● 中段の絵の、腿を高い位置で小脇に抱えるメニューは、とても推奨できるリズムあそびです。抱える子も抱えられる子もとても気持ちのいいものです。胴体が頭より高くなるため「でんぐり返し」に近い効果も考えられます。

● これは腕の力、胴体の力をつける運動ですが「手のひらき」をうながすのにもよい運動です。歌は「♪おうまの　おやこは〜」で。

22 体幹の力をそだてる

（ カメ ）

首と胸、モモが少しだけあがり片足がやっとつかめるレベルです。これで子どもは得意の絶頂なのです。大声で「スゴーーイ！！」とほめてやりましょう。

ともかく両足がもてて嬉しくてしょうがありません。「スゴーーイ！」

だんだん胸もそって、モモもあがってきます。「スゴーーイ！」

あなたも隣で一緒にしましょう。もっともあなたが背中を十分そらすことが苦手なら、きれいにそれる人に頼みましょう。
歌は♪もしもし　カメよ　カメさんよ～♪を歌います。

○ この運動への手をかけた援助は極力ひかえめにしてほしいですが、ゆいいつ首が下を向いている時、肩でなく胸の付け根を横に広げるような、まるで羽毛にそっとさわってやる感じで援助すると、気持ちよく首が上にのびてきます。

○ 両足はつかめるが、顔は下をむいていることがよくあります。そうした時、頭をつかむなどは絶対にせず、正面の援助者の斜め上の顔を見させるなどのやさしい援助をしましょう。

23 胴体の力をそだてる

（　自転車こぎ　）

両足を上げて自転車をこぎます。　しぐさが見えたらいっぱいほめましょう。

腰を両手でささえてより高く上げます。　腰への両手の当て方は幼児には難しい動作です。　負担にならない程度に教えます。

できるようになったら、どんどん高くしていきます。

- 健常児で3歳ぐらいからは、両足を回転させる「こぐ」しぐさもポイントです。　大人が「こぐ」姿をやってみせて伝えていきましょう。

- 歌は

- 「ネコちゃんの自転車こぎ」で膝にさわるのは、（土台）図解2で説明しているやり方です。

股関節のほぐし　[　ネコちゃんの自転車こぎ　]

股関節の固い障がい児へは、自転車こぎの前段階として両膝を交互にやさしくうごかしてやりましょう。　この援助はあまりポピュラーではありませんが、股関節の固い子や障がい児へのリラックスにも驚くほどの効果がみられ、アルゼンチンでは「ネコちゃんの自転車こぎ」とネーミングして非常に大事な援助として行っていました。　みなさんにもぜひ推奨したいものです。

24 胴体ドン！

やわらかい敷物

あなたの左脚のモモの上にその子をのせます（あなたが右利きとして）。

その子の手が敷物につく位置までゆっくりとずらしてを開かせます。

そこでいったん止めて、首の安全をあなたの左手で100％確保して、その子の身体をあなたの左のモモの下に、70～80％までもぐりこませ、さらに首の安全を確認して、最後にその子のオシリを右手で強めにサッと押します。

「でんぐりがえし」の一番大事な瞬間は、胴体、腰、臀部を最後の最後に「パタン！」と打ちつけることです。この瞬間があればこそ、ニコッとして振り返り、かならず「もう一回！」とあなたにだきついてくるはずです。くりかえしになりますが、決して首や胴体を回転させる運動ではないのです。

- もう一つの安全は、手をきれいに開かせることです。図解18（手をふりおろす）がてがかりになるはずです。障がい児へは慎重であるべき運動です。

- 70～80％までずらした図を示しておきました。

- さいど首の安全のことですが、その子のでんぐりがえしが終わるまで、あなたの左手は<u>首から最後の瞬間まで離さない</u>ようにします。

- なお、ダウン症の子については、頸椎が弱い子が多いので、次の頁の「ロールマットでの前まわり」も含めて、医師の許可が必要と考えましょう。

[コメント] この図解と説明は危険の無い方法を伝えています。それでも障がいのある子などへの援助にどうしても不安がある方は、より熟練した方に直接おそわる機会を持つようにしてください。

25 ロールマットでの前まわり

身体のゆがみや緊張をとってやる援助です。

薄着の服の下にあなたの手を入れて、背骨の両サイド（背骨の上でなく）を下から上へや、背中一面を時計まわりにさすってやります。また、ロールマットを少しだけ前後にうごかしてやるとより緊張がとれます。

首の安全と手の開きに気をつけてゆっくり前にずらします。

腹部から足先までマットにこするような感じでおこなうことも大事な要素です。

フィニッシュは、足の甲から足指の先までをマットにそってこするようにして、その子の足裏をサッとおします。

もー回!!

- 図解16の説明と重複しますが大事な点ですので以下の説明を参考してください。

- ・ロールマットやフトンなどは安定感（質感）のあるものを使用し、空気の入ったビニール製の大型ボールはさけましょう。

- ・その子の臀部から膝のうしろ側に、あなたの腹部をあずけるように密着させるとその子はよりリラックスできます。

- 「こする」という援助について何回もしていますが、胴体・脚はもちろんのこと、足の甲、そして最後の最後には足の爪先までこすりきった感じが身体の芯までとどく大事な刺激なのです。

- こうした刺激を私は、赤ちゃんが産道をねじりながら生まれてくるときの大事な刺激をイメージしたりしています。

- なお、健常児の4すぐらいからは、前に回りおえるタイミングで一瞬両手を前にだし、そのまま立ち上がることもできます。

26 ロールマットなどでの後まわり

上むきにまっすぐのせます。ここでも図解16と同じく、衣服の下に手を入れてさすったりしてやります。ただこの上むきではマットなどを前後にゆすることはひかえます。

オヘソのあたりを軽くささえながら、手がつく所までずらしていき、両腕で体重をささえさせます。

最後の回転はじゅうぶん出来る子なら自力でもOKですが、できるだけ最後まで手をそえて、くずれ落ちないように援助します。

- マットの真ん中に上向きに身体の中心をもっていくのは意外とむつかしいものです。あなたも事前にかならずやってみて感覚をつかんでおきましょう。

- 健常の6歳児なら、上むきのまま自力でマットからゆっくりすべって、両手で床に着地し、きれいに足先までそろえて回転して両足をそろえて立つこともできます。

- 健常の子でも3歳ぐらいからがめやすでしょうか。また上向きを怖がる子や障がいの子などへは、その子にあわせて(必要なら複数の大人で)援助しましょう。さらにそれよりも考えてあげるべきは、その子が笑顔でできるメニューをさがしてやることです。

27 「そり」と「背およぎ」

(ソリ)

♪ジングルベル♪の曲で床をソリのようにひっぱります。

引っぱられる子は両足の膝が山の形にくずれてしまいがちです。足を広げることと「エンピツみたいにするとスピードがでるよ‥」などと膝のまっすぐが意識できるよう声がけします。

(背およぎ)

両腕は床からうかさないで、進む方向に肘をまっすぐにして往復をします。

腰だけでなく胸までも上げるとスピードが出やすくなります。なお、足裏の踵や足先の使い方は絵に特別に書きこんでいませんが、普通に足先から踵へと連動させて移動します。

○ 二つとも障がいの子も床であそべる安全な運動です。これらのあそびは、床でヒフがこすれるという大事な要素が含まれています。とくに「背およぎ」などは、形は少々満点でなくても比較的早い時期から始めたいものです。

○ すこしできるようになったら「カベ」まで行って、水泳みたいにタッチして身体を反転させての往復もおすすめです。よく年長さんとかが、カベでタッチする係りをすることがありますが、私はカベにせまっていることを感覚でつかむため、無人のカベを選択したりしました。そして後半の最後は、少し大げさなぐらいはっきりと手にタッチしてゴールをねぎらいます。
　そのためにもゴールには子どもだけでなく大人も入ることをお勧めします。

28 身体のゆさぶり

（　ぶらんこゆれる　）

バスタオルなどをハンモックのようにして、歌いながら左右にいったりきたり。

（　コイの瀧のぼり　）

大人が向かいあった人と手をつなぎ、♪コイのタキのぼり〜♪とみんなで大声で歌いながら空中に跳ね上げます。

＊　この絵では全体をコントロールする大人が描けていません。危険のチェックだけでなく、より高く跳ね上げる方法を伝えたりと大事な役割があります。

- 「ぶらんこゆれる」は、最重度の障がい児にもやってあげられる援助です。もちろん普通の赤ちゃんもとてもリラックスできるあそびです。保育所の参観日などではお父さんの力もかりて3〜5歳児にもやってあげたいですね。

- 「コイの瀧のぼり」の注意点は、大人が隣とのすきまを作らないことです。また、下にマットを敷くとか、障がい児や幼児へは立膝の低い位置でもやれます。

- 歌は

（ぶらんこゆれる）
ぶらんこゆれる　ゆらゆら ゆれる---

（コイの瀧のぼり）
こいの たきのぼり

（２８）の「身体のゆさぶり」へのコメント

　「コイの瀧のぼり」については忘れられない光景があります。　今を去る20年近く前、NHKの「脳の再生」の番組があり、その内容のすばらしさをアルゼンチンでも紹介したいとNHKに問い合わせると、もう対応できないとのこと。　そこで私は3週間かけて手元にあったビデオの日本語の逐語録を全部作成し、アルゼンチンでそれをスペイン語に翻訳してもらい、とても多くの人に見てもらい絶賛をはくしました。　その日本語の作業の時、なにしろ2～3秒おきに画面を止めて作業するわけですので、大阪の「くるみ共同保育所」の運動会での「コイの瀧のぼり」の場面に目が止まりました。　流れる映像だとほうり上げられている風にしか見えないのですが、映像をコマ送りで見ると、すばらしく身体のあちこちが**自由奔放な形で踊っている**のです。　それを見て、これは「年長さん」の運動会のメニューだけにしておくのはもったいない。　是非、2～3歳の子や障がい児への日常のメニューに出来たらと考えたのでした。　そういう意味でこの本では、あえて「土台編」で紹介しています。
　具体的には援助者が両膝を立てるとかして低い位置でやるなどの工夫をすれば、安全面も大丈夫です。　もちろん援助者間の隙間を作らないことと、敷物は必ず敷いて行いましょう。

29 両生類のようなハイハイ運動 [A]

手順（1）　（　股関節のほぐし　）

モモのつけねを斜め上方にグイッと引き上げます。
（引き上げるのは一回ですむようします）

手順（2）　（　膝のほぐし　）

膝を矢印の方向（床と並行）に何回かほぐして緊張をとります。　片手、または両手でほぐします。

- ここでいう「もものつけね」の場所は、股関節から手半分ほど足によったあたりです。

- 膝をほぐす時は、その子の身体ごと、ちょうど水泳のクロールの時のように、うんと起こして援助します。　それは援助者の力がもっとも伝わりやすい形なのです。

- 歌は、後編の (16) の1にあります。　もちろんテンポよく歌いながらというわけには行かないと思いますが、無言で援助することがないようにお願いいたします。

30 両生類のようなハイハイ運動 [B]

手順（3）　（　足の親指が床をつかむ　）

ほぐした膝を、足の親指が床をつかむようにおろします。

障がい児など必要なら、床についた親指が床から離れないように別の人がしっかり援助します。

手順（4）　（　肘を膝にちかづける　）

肘が膝につくぐらいに近づけます。

体勢がととのったら、臀部のうしろのツボのあたりを刺激しながら押して前進に入ります。

障がい児などで必要なら肘の援助に一人つきます。その人は肩と肘の緊張をほぐし続ける役割もあります。

- 必要なら、正面にもう一人ついて声がけもし、顔が意志的に前をむけるよう援助します。

- 臀部のうしろを親指で頭の方向に押します。足の親指のけりの反射がでやすい‥と言われています。しかし身体が大きい場合は、あなたの手の平のつけねなどで押すこととなります。なお、この本の後編の（16－2）の図6で紹介している「最後にオシリからモモの付け根を斜めに押す」援助もぜひ参考にしてください。

31 両生類のようなハイハイ運動 [C]

手順（5）　（ 腕と肘の援助 ）

発達に課題をかかえる子へは、手と肘が床から少しだけ浮くように、あなたの手を下に差し入れてささえ、腕がまっすぐ前に進むように援助します。

- 正面の人は、その子の手の先20～30センチぐらいにあなたの手が常にある感じで誘導します。ですからその子のスピードにあわせてきれいに後ずさりをしていきます。

手順（6）　（ 前へはう ）

腕を少しのばすしぐさが見えたら、前方からあなたの手が目標物になるよう、後ろに引きながら援助します。

この運動に取り組みはじめた初期のころ、子どもによっては一歩すすんだ時、反対側の足や肘が反射によって次の姿勢に移れない場合は、手をかけての援助が必要です。

- 足指のケリの力で前にすすもうとする瞬間を[強]とし、あとは[弱]とする4拍のリズム　[強・弱・弱・弱]　でやるのが理想と斎藤公子先生は言っておられました。

斎藤公子の「リズムあそび」・・理論編

（　はじめに・・この文章は十数年前に、異国のアルゼンチンの地で斎藤メソッドの本質を、専門家でないお母さんたちに伝えるための導入の文章として作成したものです。　そのため、あくまで私の責任において作成したものであることと、斎藤メソッドの全容を解明したものではない点をご理解いただきたいたいと思います。　）

　これからお話する斎藤メソッドは私が斎藤公子氏から直接学んだものです。　先生は従来にない科学的で独創的な手法で、ヒトが人間にいたる上での文化の面での豊かさ、そして進化の歴史に学んだ「リズムあそび」などで大きな成果をあげてこられました。　とりわけ障がい児の発達の分野では、目を見張るような成果を何十年にわたってあげてこられました。
　それらの実践は映画としても撮り続けられ、NHKのテレビ撮影や海外から子どもをかかえて相談者がくる、また毎月の学習会には医師や科学者などもまじえ、全国から５００人も集まるという状況でした。

★斎藤公子氏の考え方の一つに、ヨーロッパのポルトマンという科学者がとなえた「ヒトのみが特別に未熟な状態で生まれる」という考え方《一年早産説》の真の意味をつかまれていたという点があります。
　またとりわけ「ヘッケル」が解明した《　生命の系統発生とヒトの個体発生の関係性　》を、障がい児をふくめた乳幼児の保育に独創的に応用されたという特筆すべき点があります。

　４０億年ちかくかけた生命の歴史の中で、最初、海水に漂っていた細胞が二つ、三つと結合していき、いくつもの進化のステップを経て、やがて魚になり、そして両生類として陸にあがり、やがて胴体が地面からはなれて哺乳類となり、最終的には二本足で歩き人類に至るわけです。
　いっぱつ個体発生は、母親の胎内（たいない）でできた細胞が、まるで何十億年かけた生命の系統発生をもう一回たどるかのような経過をへて生まれてきます。

㉝

★このメソッドをひと口でいうと《 発達の道すじが阻害されている障がい児に、生命の進化の歴史をヒントにした原始的なうごきを「リズムあそび」として体験させるなかで、脳の可塑性が促進され、一つ一つの発達が自然に獲得していける 》と言えます。

★ ところでこれから紹介する斎藤メソッドは障がい児にだけに有効ですか・・という質問を受けることがあります。　障がい児にもいいのだから健常児にも変わらず有効なのですが、現代では別の意味で健常な子にもとても大事だと思います。
　というのはいまから２０年ぐらい前までは赤ちゃんは１歳〜１歳２ヶ月ぐらいで歩きはじめたものです。　ところが今は８〜１０ヶ月ぐらいで歩きはじめる赤ちゃんが多いですし、育児書にもそう書いてあることが多いようです。
　しかし先ほどのべた「ヒトの一年早産説」に思いをはせれば、人類が７００万年まえ、サルのような発達段階から進化して、ヒトのみに与えられた文化を獲得するための特別な一年だと思います。
　それが、たったこの２０〜３０年で２〜３ヶ月ちかくも短くなったことの理由はともかく、決して人類の進歩に直結したものではないと私は思います。

　現在の、どこか飛び石づたいのように育ってしまう子どもたちを見ると、なにか大切な過程をいくつも飛ばしてしまっていないかと思ってしまいます。　さらに思春期を健康に乗り越えられない青年の増加などを考えると、障がい児・健常児のへだてなく、このメソッドがさらに普及することを願うものです。

感覚神経

　それでは具体的に「斎藤メソッド」の紹介をしていきます。
☆　まず感覚神経への刺激が脳の中枢（特に最も原始的で生命の健康さを作っていく脳幹への刺激となる）を発達させるという点を考えます。

㉞

　感覚神経といえば五感ということになりますが、その中でも皮膚への刺激が一番重要と言えます。　もともと生命体の原始的な段階では、皮膚がゆいいつの感覚器官でした。　そして目や、さらには脳までが皮膚の延長（特殊化）とする考え方は、子どもたちや障がいの子の発達を考える上でとても大切です。

☆　実際の子どもの生活や療育からすると水刺激が一番といえます。　たとえば手が自由にひらかない子でも、その子の手を、水のなかでしばらく自由に遊ばせていると若鮎のようにピチャピチャと動き出すことなどに遭遇します。　もちろん手だけでなく腕も、そして足や身体全体が水との出会いを待っているのです。

☆　ここで手のひらきということでオモチャについて言及すれば、同じオモチャでも軽いプラスチックのものなどでなく、しっかりした質感のあるものを与えましょう。　私は台所にある安全なものを選択していました。　プラスチックなどはすぐに手から離すか、口に持っていってもすぐ飽きてしまいますが、しっかりした質感のあるものは探求本能を刺激するため長い間なめ回すという乳児の発達に欠くことのできない瞬間が見られるのです。

☆　つぎに目についてですが、障がいを持つ子どもさんと初めて会った時、私たち保育者はどのくらい目が合わせられるかをまず見ます。　「やあすごい、目が合わせられますね」ということになるわけです。　もちろんそれが例え不十分でも愛情をこめて目を合わせようとします。　小泉英明博士は目交（まなかい）というすばらしい言葉で表現されています。
　アルゼンチンでもお金が工面できる子は日替わりのリハビリを受けていることも多いのですが、肝心の目はほとんど、いやまったく虚ろなままということが多くみられました。
　さきの一年早産説で言えば、目であやしながらあやす、歌もうたってやるなどの声による愛撫の一瞬一瞬が人類の人間的なコミュニケーションの力を獲得するための特別な時間なのです。

☆　また皮膚そのものについても、身体のどこでも優しくさわったりさすったりすることは、脳をやさしく励ましていると考えてさしつかえありません。

運動神経

つぎに運動神経の獲得と発達について考えていきます。斎藤メソッドでは土台のリズムと呼んでいることをいくつものメニューと関連づけて考えていきたいと思います。

さてこの分野で斎藤公子氏は生命の進化の歴史にまなぶ画期的なメソッドを創造してこられました。その歴史をイラストで示すと、およそ次のような流れをたどったと考えられます。

A　水の中にただようレベル　　　B　上下の感覚を獲得するレベル

 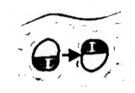

C　回転・転がりの運動能力の獲得のレベル　　D　魚類のレベル

E　身体の一部を固定する能力

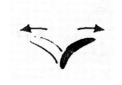

F　両生類のレベル

G　ほ乳類のレベル

H　ヒトのレベル

では、このような進化の歴史の何に学ぶかを具体的に見ていきましょう。

☆　水の中にただようレベル　（イラストA）

　生命の原始的な段階では、皮膚がゆいいつの感覚神経だったことは先にのべましたが、言いかえれば皮膚が脳の役割をはたしていたわけです。

　子どもを抱いている時の心地よいゆさぶりや、皮膚のところでのべた愛情をこめたさすりなどが、脳の基底部（脳幹を中心）に重要な刺激となります。

　水の中にただようという表現で言えば、軽い振動や皮膚をほぐすようにさすることにより、一つ一つの細胞の代謝を正常に近づけるとか、細胞や組織があるべき位置に落ち着く・・などのイメージも意味があるように思います。

私はこのことで、１０数年前のことをいつも思い出します。　ある時、３歳の最重度の障がいの女の子との出会いがありました。　その子はうめき声をあげながら床の上をゆっくり回転し続けていました。　母親は、この子は生まれてからずっと夜も昼もこうです・・と告げました。　もちろん目は一秒たりとも合いません。　そこで私をふくめて大人４人で全身をほぐし続けました。　２０分ほどしてほぐし終わった時、その子は大きないびきをたて満足しきった表情で眠りました。　その瞬間、その子の母親は「この子は今、生まれて初めて眠りました」とだけ言って泣き崩れました。

　こうした揺さぶりや振動も運動か・・とも思えますが長い生命の歴史で、揺れる水（海水）の中で生命を形作ってきたことを思えば、心地よいゆさぶりや振動は生命の基本運動ではないでしょうか。

　またこうした身体をほぐしリラックスさせる一連の働きかけは、障がい児の身体の緊張をとるだけでなく、身体と脳をまっすぐにできることで正面の感覚が育ち、そのことが脳の働きを覚醒させていくことに繋がるのではないでしょうか。

☆　上下の感覚を獲得するレベル　　（イラストB）

　さて、生命が最初に獲得したであろう運動能力は上下をコントロールすることだったと思われます。

　赤ちゃんでいえば寝返りの運動にあたると思います。　本当の寝返り運動はまず腰をひねって足の親指を床につけ、そのあと胴体をねじる（よじる）のですが、よく胴体の反動だけで寝返りをする子もいます。　そうした子には本編で紹介している丁寧な方法で本当の寝返り運動を体験させてほしいものです。

　障がい児などはわずか２０度程度の寝返り動作でも大きな反応が見られるほど身体の芯にとどく重要な運動なのです。　親兄弟などと遊ぶ時も、こうした身体をねじる（よじる）動作の遊びを意図的に取り入れてやりましょう。

　なお身体を上向きにしようとするだけでも大きな苦痛表情を示す子へは、医師などの見立てとは別に解決しなければならない課題を脳のなかにかかえていると思ってさしつかえありません。　こうした時は、その子が笑顔で参加できるより優しいメニューをいっぱい取り入れてやりましょう。

☆ 回転・転がりの運動能力の獲得のレベル（イラストC）

　子どもの首の安全を１００％確認しながら、ぐるりと前方にでんぐり返しをさせると、とてもいい刺激が脳にとどきます。知能の発達という点でも有効と思います。　また私は印象として血液の成立のレベルや、健康な肺をつくることなどに関係するのではとも思っています。

　ところで回転ではありませんが、日本で過去には普通のこととして行われていたゾウキンがけにはいくつものすばらしい効能がありますが、その一つに頭の位置が胴体より低い位置になった状態での運動という点で、このでんぐり返しに近い効果が考えられます。

　なお、水でしぼること、素足で行うこと、手の指を広げて行うこと、膝を床につけないで高バイで行うことなどに留意しましょう。

☆ 魚類のレベル（背骨のゆらし運動）（イラストD）

　生命が胴体（背骨）をゆらしてより直線的に獲物にむかうようになったことは進化の歴史上の大飛躍と言えます。　斎藤メソッドでは金魚運動という名で、この胴体（背骨）をゆらす運動を特別に重視しています。

　アルゼンチンの奥地の先住民の村で最重度の障がい児の親たちに、目を見てやること、身体をほぐすこと、そして金魚運動の３つだけ教え、3ヶ月後に訪問すると魔法のように身体ができているということに何度出会ったことでしょう。

　そういう出来事が続く中で、私はこの金魚運動がなぜそんなに魔法のような効果をもたらすのか、完全には理解しきれていないのではという思いでした。　また私がこの冊子のイラストの魚類のレベル（D）を描いている時、なにかもっと適切な段階があるのでは・・と迷いがありました。　そして後日、小泉英明博士の「アインシュタインの逆オメガ」という著作を読んで、その中に魚類の前の形として「筒」的な構造がしめされていました。

　金魚運動の深層にせまるとらえ方につながると大きな勇気をもらいました。　私は「マカロニ構造」と自分でネーミングをして、金魚運動の今後の探求の柱の一つにと考えています。

㊴

　さて日本の現実の生活では背骨の硬い子の多さが気になります。　先に述べた歩き始めが早すぎるのではという傾向とあわせ、近頃は生後まもない時期からでも、斜めの姿勢でベルトで固定して車に乗せて移動する姿が見られます。　車が鉄で出来ているということだけでなく、同じ姿勢を斜めのポジションのまま拘束され続けることが背骨の硬さに繋がっているのではと心配しています。　この冊子で紹介している金魚運動や身体をほぐす運動を是非家庭でも取り入れてほしいと思います。

☆　身体の一部を固定する能力　（イラストE）
　これからはいよいよ陸に上がるレベルとなります。　しかし、故三木成夫（みきしげお）氏のいくつもの著作で興味深くふれられているように、陸に上がる、しかしまた海にもどる・・の進化の逡巡（しゅんじゅん）の時期が億年単位もあったことは肺や血液の成り立ちにとどまらず、私たち保育者の前にたたずむ弱さを抱えた子たちへの保育のありよう（創造）にも関わることと思います。
　いずれにしても、陸に上がった生物たちの初期の移動の瞬間を思うにつけ、その体重を支えることとあわせ、身体の一部を静止させ移動のための基点とすることが必要であり、当初の四足から、ヒトでは足、それも最終的には足指（さらに言えばその親指）が決定的な役割をはたすようになったと思われます。
　クツ社会の今日では、足指にたいする関心はとても薄いと言わざるをえません。　しかしヒトに至る進化の歴史の中では、足が手に近い役割を持っていたわけです。　ですから足の中に眠っている手の記憶を呼び戻す機会を斎藤公子氏が草案されたリズムあそびなどで体験することはとても大切なことと考えます。
　アルゼンチンでは、足首や足指を柔軟にするリハビリを受けている障がい児には１人として出会うことが出来ませんでした。
　そして硬くなった腱などにたいしては、安易に手術で（例えばアキレス腱を切断して、足の形にして固定してしまうなど）？という場面に多く出会いました。

では硬くなった足をどうするのか。　斎藤メソッドでは足をほぐすこととあわせ、足のレベルだけのアプローチでなく、進化の歴史をさらにさかのぼりヒレのレベルのあそび・・つまり水の中で足が自由に動かせるあそびの機会をつくってやることが大切なのです。

　そこまで話すと水泳教室がいいのですねとの返事が多いのですが、私が勧めているのはあくまで「水あそび」なのです。　ヒトと水が出会うことそのものに特別な意味があるのです。　もちろん安全を確保して、あとは、あなたとその子が水の中で自然にあそびたわむれることこそ、すばらしい結果をもたらすことを重ねて強調するものです。

　なお、先の小泉英明博士の著作の中で、昆虫などの体節ごとの神経の話が紹介されています。　ヒトにとっても足だけでなく、身体のさまざまな部分を体節的に止める感覚をやしなうことは完全なバランスのとれた身体を作っていく上でなにかヒントになるのでは・・と心踊る思いで読ませていただきました。

☆　両生類のレベル　（イラストF）

　生命が陸に上がって、まだ胴体を地面につけながらも足も使って前進運動を始めたことも生命の進化の歴史の革命的なステップです。

　斎藤メソッドでは「両生類のハイハイ運動」として重要なメニューとされています。　赤ちゃんで言えばハイハイに相当するでしょう。　しかし現代では健常な赤ちゃんでも足指、とくに足の親指を使った本来のハイハイをする子は少なくなっています。　援助や介助にはそれなりの根気とエネルギーを必要とします。

　この冊子の土台編で援助の方法をいろいろ紹介しています。　特に足への「圧」を丁寧にかけて少しでも足指が自然に使えるようにしてやることが大事です。

☆　ほ乳類からヒトにいたるレベル　　（イラスト⑥）

　胴体を地面につけて移動していた進化の過程も、やがて地面から胴体が完全に離れる段階がおとずれます。

　斎藤メソッドでは、さまざまな動物の動きをヒントにした独創的なリズムあそびがたくさん用意されています。　でもよく見られるお遊戯と違い、「生命の進化の歴史の上で、地面から胴体が離れたことによる多様な自由を獲得したことを体感する」ことであり、ヒトの身体の中にひきついでいるそれらの歴史は、魚類や両生類の動きと違い、歴史的により近い動きと言えます。

　健常な子も障がいの子も、身体の芯から夢中になれるのはこうした背景があるからです。

・・・・・・・・・・・・・・・・・・・・

☆　以上で歩行に至るまでの斎藤メソッドの導入的な紹介といたします。　なお、将来歩行完成後のリズムあそびについての理論的考察が紹介できる日が来るよう、私自身も研鑽(けんさん)を続けていきたいと思っています。

① うさぎ

歩行から舞踊へ

上半身を脱力してとぶ

ジャンプするのでなく、ほんの少し床から離れる感じです。

一才児はからだをゆすり、まねるだけでよいのです。

2歳でようやく片足がうきます。

《 コメント 》

こどもや障がい児は、よろこぶあまりどうしても高くジャンプしがちです。 そのことで着地の衝撃が？脳によくありません。
大人がじゅうぶん脱力して、床からほんの少ししか離れない姿を示してやります。

ランランラン ラララララン ランランラン ラララララン ララララ ラララララ ララララ ラン うさぎが ぴょんぴょん
やま から ぴょん じゅうごや おつきみ うれしくて すすきを かついで うさぎが ぴょん

② きんぎょ 《 背骨(せぼね)のゆらし 》 と 《 胴体(どうたい)のゆさぶり 》

背骨のゆらし　0歳から

手足だけでなく、胴体(どうたい)も脱力(だつりょく)させて自然(しぜん)にゆらします。

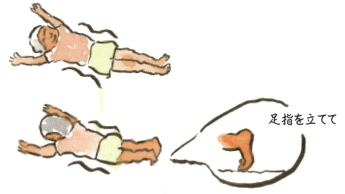

足指を立てて

赤ちゃんや障がい児への介助での金魚は、土台編(へん)(8〜10)で紹介(しょうかい)しています。

胴体(どうたい)のゆさぶり　5〜6歳から

5〜6歳になったら、手足を脱力(だつりょく)させたまま魚が急流(きゅうりゅう)を登りきるイメージで、すばやく動かすこともできるはずです。

あかい べべきた かわいい きんぎょ　おめめを さませば ごちそおする ぞ
あかい きんぎょは あぶくを ひとつ　ひーるね うとうと ゆめから さめた

（2）の「きんぎょ」へのコメント

　考えてみれば「背骨をゆらす」と言いますが、「背骨」そのものは運動機関ではないわけです。その周りの筋肉がゆらすわけです。　とくに大人では、背骨というイメージのみにとらわれると身体がピクリとも動かなかったりします。　子供たちへは胴体を自然なかたちでゆらすようにさせましょう。
　また大人で自然な揺れを苦手とする人には、半分ぐらいの水を入れた大き目のペットボトルを腹部の上に置き「水のみをゆらす」という感覚で、気が付いたら「胴体がきれいにゆれていた」などということもありました。
　もちろん背骨に意味がないということではなく、脊髄にかかわる神経がゆれることで生命維持の脳の土台を健康にし、そのことが信じがたいほどの大きな効果をしめる要因と考えます。
　ところで、ここで紹介している《 胴体のゆさぶり 》というメニューはあまり行われていません。
　ただ映画「さくらんぼ坊や」の初回の映像には、背骨にこだわらず自然に胴体をゆらす年長児の姿が見られます。　先生が１９７０年代に行われていたわけです。　わたしが先生に出会った時期にはすでに「背骨をゆらす」という言い方をされていました。　それは時代のなかで子どもたちの身体の変化を感じられ、より「土台を育てる」という方向にメニューを発展・修正されたのかもしれません。
　しかし私は土台を育てる金魚はやりつつ、あえて別のメニューとして、「急流や時には滝をも登りきるウオ」のイメージの「きんぎょ」をここで提案しています。　胴体が十分に発達したら、さらに仮説的に言えば、「身体のすみずみに柔軟性をともなった固定する能力がそなわった」ら挑戦させてみたいメニューです。　その意味では年長児から学童期へのメニューと考えます。　タイトルも「きんぎょ」でなく何かステキなネーミングを考えたいですね。

③ おうまの親子　その (1)

四つバイから高バイ、そして縦のギャロップへ

ハイシハイシ　あゆめよこうま　やまでもさかでも　ずんずんあゆめ

おまえがあゆめば　わたしもあゆむ　あゆめよあゆめよ　ころばぬように

四つバイ ⇒ 高バイ

赤ちゃんこうま (四つバイ)

お兄さん馬 (高バイ)

《コメント》　1〜2歳は高バイまでとし、3歳から全体をやります。　赤ちゃんや障がい児への援助は土台編 (20) で紹介しています。　保育園などでは「うま」という名で行われています。（私は歌詞をすこし変えて歌っています）

5〜6歳からは、カカトをしっかり上げます

(その2に続く)→

← (その1から続く)

③ おうまの親子　その(2)

ハイヨー！のかけ声でギャロップへ

(ギャロップ)

両手は「たづな」を持つポーズで、前後に動かしながら

前へ！　前へ！

「並足(なみあし)」で「たづな」を引く動きへ

(並足(なみあし))

両腕(りょうで)を腹の横でピタッ！ピタッ！と止める

ハイヨー！にもどり、「ギャロップ」「並足(なみあし)」を2〜3回くりかえす

一歩進むごとに「たづな」を強く引く

《コメント》　斎藤先生は、この胴体の横で両腕をピタッ・ピタッと「止める」ことを重視されていました。体幹(たいかん)の育ちにつながると見ておられたのだと思います。

④ めだか

両手を前にだし、スピードでまわる

腕は自然に前に突き出します

大人は子どもにおかまいなく、スピードを出してグングンぬきさります

《ちょっと散歩》

次の5で紹介しているドングリを「あそび」として

ころころドングリ‥早くコロコロとまわる

コアラのドングリ‥とてもゆっくりまわる

（両方とも、身体がぶつかったら逆へまわります）

《コメント》

この冊子の楽譜(がくふ)は、すべて唄(うた)ってやりながら行うため「ロピアノ」の採譜(さいふ)です

また、この「めだか」だけでなく、大人が子どもを猛スピードで抜き去るときは必ず外側を抜きます。

おがわの めだかが すぃすぃすぃ ならんで ならんで すぃすぃ すぃ

⑤ どんぐり　ねがえり運動

どんぐり どんぐり こーろこ ろー

1　膝(ひざ)をいきおいよく引(ひ)きつける

2　上半身は脱力(だつりょく)したまま　足の親指はしっかり床につける

3　あたまは最後までのこす　足をさげながらねがえる

4　ひたいは床につける　足の親指は立て、カカトも合わせます

どんぐり どんぐり こーろこ ろー

5　足のつけねからクロスします

6　両足指と腰をひねって回転していく

7　あたまは最後までのこす

8

どんぐり どんぐり こーろこ ろー ころころころころ こーろこ ろー

⇒ 1〜8の動きをくり返します（ここまでで片側2回分のねがえりとなります）

必ず反対側へも行います（左側に4回、右側に4回が標準です）

（赤ちゃんや障がい児への援助の方法は、土台編（11〜13）で紹介しています）

（5）の「どんぐり」へのコメント

☆　ドングリの図の3で、身体の柔軟性が十分できている子は、首が胴体をねじる方向と反対側に自然に向きます（残るという表現も出来ます）。この時「首は右！」などと指示するとしたら斎藤メソッドとは縁遠い、たんなる訓練となってしまいます。
　またその指示で新たな緊張をも作ることにもなります。もしその時に保育者が思うことがあるとすれば、「ああ、まだ身体の柔軟性が十分ではないな‥」と保育を振り返る機会とすべきです。

☆　1～8の動きを左側に4回（一般的には「左側へ」からをお勧めします）、続けて右側に4回行うのが理想です。しかし実際の保育の流れの中ですべての子に毎日求めることはそう簡単なことではありません。その工夫はそれぞれと思いますが、肝心なことは援助者が「左へ4回・右へ4回」を自ら日常的に行うことです。この計8回をやるたびに頭痛や鬱的気分などがウソのように改善されている感覚を体得することです。
　重度の障がい児は一気に8回ということでなく、1回、それも片側のみの、さらにその何分の1から始めることもあると思いますが、どんな瞬間も身体の芯の部分の喜びを確認しながら援助できたら理想と思います。

⑥ カメ

腹(はら)ばいで胴体(どうたい)をそらす

1〜2才児(じ)

片足にさわれるだけでもほめでやりましょう。

2〜3才児

両足がもてるだけでとてもうれしいのです。

4〜5才から

首もあがり腿(もも)の筋肉(きんにく)ものびてきます

5〜6才児にはこんなに
そらせる子もいます

この運動への援助はひかえめにしましょう。　唯一(ゆいいつ)、胸の肩のつけねをちょうど羽毛(うもう)をひろげるようなイメージで「そっとさわって」やると、自然と首がのびて気持ちがいいものです。

7 あひる   しゃがみ歩き

2才　　　かかとがまだあがりません

《コメント》

岡山のもみのき保育園では、体幹の力をつけるため、大きい子にも2才児のように胴体をおとした方法をされていました。（カカトはあげて）

3才〜　　かかともしっかりあげます
　　　　　腕は自然におろします

4〜5才からは、前進のあと後ろさがりもやってみましょう

よちよち あひるさん かわいい な　よちよち あひるさん かわいい な

8 かける　2才から

いきおいよく円形に走ります

3才ぐらいからは、時には途中でオクターブ下げて、後ずさりをし、また前へ・後ろへを2～3回くりかえします。

いっしょに走る大人は、子どもたちの外がわを思いっきりのスピードで走ります。

《コメント》
他でもそうですが、円形にまわるリズムあそびは反対方向にまわる機会も作るようにします

《コメント》
全体に言えることですが、グループわけをしておこなうとか、「動」と「静」を交互にするなどして、子どもの心臓に負担をかけないようにします

ララララ ラララー　ララー　ララー　ララララ ラララー　ラララー　ラララー　ラー ラー　ララー　ララー　ララララ ララー　ララー　ララララ ラララー

（　後ずさりの時のテンポはゆっくりと　）

⑨ とんぼ

とんぼのように羽を広げてかける

2才から

(1) ラララー　ララララー　ラララララ　ラ　ラン
(2) ラララー　ララララー　ラララララ　ラ　ラン

竹ひこうきのように4回ほど羽（腕）と
胴体をふる（足はそろえたまま）

とんぼの　めがねは　みずいろ　めがね
とんぼの　めがねは　ぴかぴか　めがね

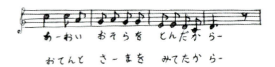
あーおい　おそらを　とんだから―
おてんと　さーまを　みてたから―

羽を広げたまま、おもいっきり円形に走ります
（　5才児からは特別に広い場所があるなら、時に
はそれぞれが自由な方向に走ってみます　）

とーん　だ　か　らー　ピィ
みーて　た　か　らー　ピィ

両手はいつも水平に（　手は自然にそろえて　）
最後の「ピィ」で、棒にとまったように羽をのばし
ます。（　このとき胸も自然にそらします　）

↓

6才児から

らータンタンタン　タン　ピィ

さいごに側転をします（　側転の直前に腕をふりあげることはせず、自然な姿勢から側転を開始します　）

10 汽車

スピードでかけて床（ゆか）にすべりこむ

2才ぐらいから

必要なだけくりかえす

両腕（りょうで）は車輪（しゃりん）のようにはっきりとまわしながら、スピードを出して円形（えんけい）にかける

『ポッ ポー！』で、床にからだをなげ出し、すべるようにして止（と）まる

止まったらおでこを床につけ足の親指も立てる

「かける」「すべりこむ」を何回かくり返します

1〜2才では、童謡（どうよう）の「汽車（きしゃ）」をうたってやるとかわいいです

いまはやまなか いまははま いまは てっきょう わたーるぞと おーもうまもなく とんねるの やみをとおーて ひろーのはら ポッポー

11 かえる

かえるのようにジャンプ

3才から

手のひらを、手首まで
しっかり床につけます。

腕は肩からダラリと脱力して、
その場で高くとびます

この運動は、腰でジャンプするとすぐ疲れ腰も痛くします。決してそうではなく床を <u>手と腕でダンッ！と押す</u> 力でジャンプすることで、気持ち良くいくら続けてもつかれないリズムあそびとなります。

○のところでジャンプします

《ちょっと散歩》

頭をつけた倒立あそび

4才から

《コメント》

「頭をつけた倒立あそび」は壁から少し離れたほうがやりやすいのですが、胴体がしっかり育った年長さんなどは、頭の位置を壁に近づけてより「胴体の真っすぐ」を体感することもできます。またもし10歳ぐらいまでリズムあそびの場があれば、「身体のある部分を固定して、その上につぎの身体の部分を乗せていく」‥の繰り返しで、微動だにしない倒立をめざすことも出来るでしょう。

12 コマコマまわれ　「まわる」「倒れる」

こまこま まわれー （3〜4回）　ひゅ〜！ばったーーん！

その場でどんどんまわります。

いきおいよく床に倒れます。

「まわる」「倒れる」を2〜3度くりかえします。

5才からは右まわり左まわりと交互に

二、ゆりかごのうえに　びわのみがゆれるよ
　　ねんねこ　ねんねこよ

三、ゆりかごのつなを　きねずみがゆするよ
　　ねんねこ　ねんねこよ

四、ゆりかごのゆめに　きいろいつきがかかるよ
　　ねんねこ　ねんねこよ

倒れた時、静かな歌を少し長めにうたってやります

例えば『ゆりかごのうた』

(一) ゆりかごの うたを カナリアが うたうよ ねんねこ ねんねこ ねんねこよ

13 おじーさん、おばーさん   3才から

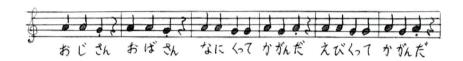
おじさん おばさん なにくって かがんだ えびくって かがんだ

(おじーさん、おばーさん)

片方（かたほう）は後ろ手（で）をして片方（かたほう）は杖（つえ）をついている風（ふう）に、床にむかってふりおろします

(アヒルのおじーさん)

うんとしゃがみ歩きをします

(キリンのおじーさん)

つま先立ちで、カカトをうんと上げてあるきます

14 自転車こぎ

空中で両足をまわす

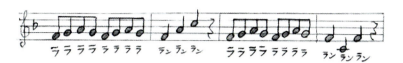

1〜2才

首が少し上がる、足が少し上がるだけで十分です

3才

少しでもガンバル気持ちがみえたら、ともかくほめます

4才

腰を支える方法と、足をまわすことを伝えていきます

5才〜

腰も足も高い位置でできてきます

自転車のように両足をまわすことは、大人が一緒にやって自然に伝えていきます

6才から
最後に手を使わずに自然に立つこともやってみます

ピッ！
つま先までのばして、少し静止します

そのまま脱力して自然に立ちます

15 つばめ

両腕を羽にして走る

つばめになって とんで とんで あそぼ ごがつの おそらを とんで とんで あそーぼー ハイ

3才から

両手をななめうしろにのばし羽にし、からだを少し前にたおして

風をきるように円形に走る

5才ごろからは

途中、くちピアノ（またはピアノなど）の大人の　ハイ！　のかけ声で、内側の羽をサッとあげ、同時に外側の羽をさげて外まわりにターンして、逆方向にはしります。これを何度かくりかえします。

6才からの舞踊としての「つばめ」　　広い場所なら、円形でなく各自が自由な方向に飛ぶ　　[3〜4人ぐらいずつで行います]

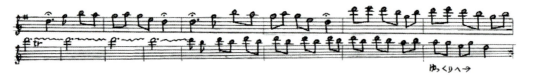

16 両生類のハイハイ運動（1）

床をはう

足の親指を基点に　　　前方をしっかり見て　　　のびていく手と腕は、まるで触覚のように

ラーラ ララ ララ　ラララ ラララ　ララララララ　ララララララ　ラーラララ ララ　ラ ララ ラーン

コラム　足指、とりわけ足の親指（またそのつけね）を基点にスムーズに前進するためには、足指が十分育っていることが必要です。そのため、「土台編-（3）」で紹介している赤ちゃんの時からの「圧」をかける援助がとても大事です。

手はパーの形ですが、あくまでも自然にひろげた形でおこないます

16 両生類のハイハイ運動（2） <u>介助の場合</u>

この「ハイハイ運動」は、リズムあそびの中でも最も運動量を必要とします。　そのため、はじめての大人や、発達上援助の必要な場合の一人での介助法は‥

1
もものつけねを斜めに
グイッと引きます

2
膝を床と平行にほぐして、股関節の緊張をとります

3
足の親指が床をつかむようにおろします

4
お尻のツボ、あるいはその辺りを押します

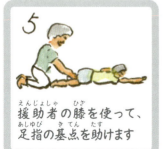

5
援助者の膝を使って、足指の基点を助けます

6
最後にお尻のツボ（あたり）を押していた手で、そのままの流れで、**モモの付け根**をグイッと斜めに押すと反対側の足が自然に引きあがりやすくなります

障がい児への介助の方法は、土台編の29～31で紹介しています

[17] 背およぎ　　3才から

腰だけでなく、胸もあげることでスピードも出ます

腕は肩から力をぬいて進む方向にまっすぐにのばします

《 コメント 》

カベにタッチして戻る競争で行います

台の上からいっせいに飛び込んで、ゆきはハイハイ（両生類のハイハイ）で、帰りは背およぎも楽しいものです

「土台編（27）も参照してください」

♪曲は（16）の両生類のハイハイと同じです

ゾウキンがけは床もみがき、命もみがく

18 ソリあそび

大人が引いてやるのは2才ごろからできますが、
子ども同士でやるのは4才ごろからでしょう。

足はのばしたままで

胸は少しそらして

「こうたーい！」のかけ声で交替します。 ピアノなら音を変えます。

ララララー ラララー ラララーララー ラララーラ ラララ ラララ ラッ ラー

(トロイカ)

できたらピアノで

← お父さんたち

(布のヒモでひっぱる)

子ども同士で

(赤ちゃんをだいたお母さんをひく)

(敷き物の上にのせて)

カーブのところは
ゆっくりでね

19 手押し車　3才から

「こうたーい！」の声で交替します。ピアノなどの時でも曲の変化だけでなく「声」をそえます。

甲をもつ

足首はもたない

手はしっかりひらく

赤ちゃんや障がい児への方法は「土台編21」で紹介しています。

足の甲をもつだけでなく、モモのあたりを持つ方法もすごくおすすめです。

ちょっと散歩

木登りって

手と足の芸術だー！

おうまの おやこは なかよし こよし　いつでも いっしょに ぽっくり ぽっくり あるく
おうまの かあさん やさしい かあさん　こうまを みながら ぽっくり ぽっくり あるく

20 金太郎とクマ

一人はクマに、一人は金太郎になって

4才からのあそびです

上にのる子は、足が床につかないように膝を少しのばします。

途中で音を変えるか、「こうたーい」の声掛けをします。

1〜2才児は

大人の背中にのせて歩くだけでとても喜びます。お父ーさんの背中ならなお喜びます。

下になる子は足の指をしっかり使います。

最後にフトンなどのやわらかいものの上に落としてやります

3才児同士では難しいです、年長児に乗せてもらうなどしましょう。

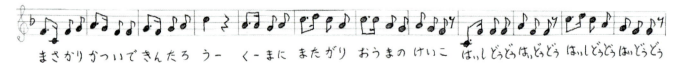

まさかり かついで きんたろ うー くーまに またがり おうまの けいこ はいしどぅどぅ はいどぅどぅ はいしどぅどぅ はいどぅどぅ

21 ボート競走　3〜4才から

《 三人ボート 》
一人が二人を引っぱるのも楽しいものです。

上から見た図

なん組かでヨーイ ドン！の競争でやります

引っぱる方の子は一瞬、腰が床からうきます

引く方が足を中にいれます。ですから行きと帰りで足のポジションを替えます

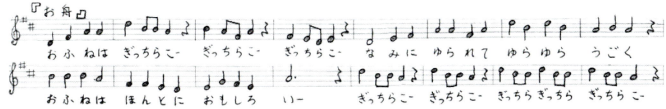

『お舟』
おふねは ぎっちらこ ぎっちらこ ぎっちらこ なみに ゆられて ゆらゆら うごく
おふねは ほんとに おもしろ いー ぎっちらこ ぎっちらこ ぎっちら ぎっちら ぎっちらこ

8人ボート競走（4人から10人ぐらい）

前に立っている人をまわって帰ります。
前の人のお腹にしっかり手をまわします。途中で切れたら止めて組みなおしてから再スタートです。

5〜6才から

22 スケート

くつ下をはいた「すべりこみ」と「スケート」

4～5才から

② スケート

冬場のあそびに最適です

①すべりこみ→②スケートの順ですが、床が固いときは「スケート」のみ行います。

ラー ラー ララ テララ ラー ラー ララ ラララ ラー ラー ラララ ラララ テー テー ラテラ ターラ ラー

---

① すべりこみ

はしる / すばやく身体のむきをかえる / 足をすべらせながらそのままたおれる / おもいっきりすべってからとまる

足指は立てる

おでこもつける

タン タタ ターン / タン タタ ターン / タタタ タタタ ターン / タン タタ ターン / タン タタ ターン / タタタ タタタ ターン →②

はしる すべりこむ　少し間をおく　3～4 años

年令によって「すべりこみ」の回数をへらします。

すべりこみからスケートにうつる時は少し長めの間をとります。

第二章 23 キンキンきれいな   1才から

(一) キンキン きれいな あきのそら とーくのとーくを よびましょう
(二) キンキン きれいな あきのそら よんだら こだまを まちましょう
おーい！

肘はのばす

クルッ クルッ と
手をかえします

♪「あきのそら」を「はる」とかその季節に合わせて変えてうたいます

集団のリズムあそびを始める時などに良いです。

24 小鳥小鳥　　1才から

こ　と　リ　　　こ　と　リ　　　あのやまめがけて　　とんでいけー
前へ　後へ　　　前へ　後へ　　　前へ　　　後へ　　　前へときはなつ

二人の大人が両手で胴体をはさみ、**少し強めに**前後に波にもてあそばれるように行ったり来たりしてから、最後に前にあおるように強めに押して、お母さんなどにむかって飛んでいきます。

飛んでいくときは特に鳥のマネなどはしません

おもいきって前へ！　後ろへ！　援助者2人の前側の腕でブロックしますから転ぶことはないのです。

《コメント》　このあそびも、大人どうしでその楽しさを体験しておくことが大事です。　とくに後ろから少し強めに、前にあおるように押された時「身体の芯がとても喜ぶ感じ」をしっかりつかんでおきましょう

25 毛虫から蝶へ

<u>4才ぐらいから</u>

秋（毛虫）

4～5人から8人ぐらいで、進む方向（ほうこう）は自由です

前の子のおなかにしっかり両手をまわして、出す足をそろえて、しゃがみあるきで進みます

冬（サナギ）

目をつぶって前の子の背中におでこをつけます

《さなぎ》の時の曲は後編（こうへん）(12)の「ゆりかご」などがよいでしょう。

春（蝶 ちょう）

蝶（ちょう）になって飛（と）ぶ時の♪曲は、毛虫（けむし）の時と同じく「もみのき」ですが、少し高めの音でかろやかに。

飛（と）ぶ方向（ほうこう）やかたちは自由です

5～6才では（毛虫 けむし）ー（サナギ）の部分を2回程度くりかえしてもいいでしょう。また全体（ぜんたい）を2回ぐらいくりかえします。
2回目（かいめ）は近くにいる人と組みなおします

♪「もみのき」

もちろん「くちピアノ」でも十分（じゅうぶん）OKです。

[26] 三人おにごっこ　　3才から「リズムあそび」としての「おにごっこ」

足の親指（とりわけその付け根）を、すべての方向に使うとても立派なリズムあそびです。

子どもどうしだと、すぐにオニがだれかわからなくなってしまいます。常に大人が一人はいり、こどもの数は必ず3人とします。

あまり一人の子が長くオニばかりしないよう大人は上手に配慮します。

《 コメント 》

これは単なる遊びとしての鬼ごっこの紹介ではなく、れっきとした「リズムあそびとしてのオニゴッコ」で、私からのオリジナルな提案です。晩秋になってもまだ跳び箱が飛べない年長さんなどがいたら、いったん跳び箱から離れて、ここで紹介している「リズムあそびとしてのオニゴッコ」をお勧めします。考えてみると「おにごっこ」は、足の指、とくに「足の親指（とりわけその付け根）のコントロールによって身体が全方向に動く」ことが求められます。このことが跳び箱に必要な「真の跳躍力」をはぐくむのです。そして『 三人おにごっこ 』などとネーミングし、（遊びのおにごっこ）とはっきり区別することをお願いします。効果のほどは言わずもがな‥です。

[コラム]　35才で脱サラして、先生の元で修行を始めたころのリズムあそびの時間。となりの子が順番がきても出ないので私は軽くその子の肩をつついて知らせました。とその時、「ハラヤ！今、その子が自分で考える機会を奪った！　あやまれ！」と先生のカミナリが落ちました。あれから30年近く‥今なら先生にしかられずにすむのでしょうか‥。

27 スキップ

4才からできる子がふえてきます

からだが後ろからの風にふかれているように、さっそうとすすんでいきます。

6才児では、音を低くして「後退」の場面をとり入れることもできます。

前へ！ 前へ！
ADELANTE! ADELANTE!

うれしい！
QUE ALEGRIA!

うれしい
QUE ALEGRI

* 3才児以下にさせることは、ほめられたことではありません。

両腕は自然にまかせます。

クラン タン タン タララ ラン ラン ラン　ぼくは ホップ ホップ くんだ ホップ ステップ ジャンプ か けっこなら だれにも まけないぞ　り
つでも どこでも とんだり はねたり い ちにち じゅう いきで かけ まわる　クラン タン タン タララ ラン ラン ラーン

28 2人ぐみのスキップ　　4才から

スキーィップ　キップー　キップ　はねて『ちょん』　かーぜが　ほっぺを　なでるよ『ちょん』

手をクロスしてつないで、かわいくスキップします。

「ちょん！」のところで両足で少しとんで止まり、二人でかわいく目を見つめあいます。

クロスのさせ方は、まず右手どうしで握手をし、次に左手をつなぎます

一人でのスキップにとまどいのある子も、この２人ぐみのスキップならとても楽しくできます。　そういう意味ではスキップが出来ている子も含めて年長の秋までは数多くやらせたいものです。

[コラム]

斎藤先生は時には、起伏のある松林に新しい土をふんわりと敷きつめてリズムあそびをされていたことを思い出します。

29 横のギャロップ 5才ぐらいから

手は自然に
上向きです

空中で、あとの足が先の足に当たるほどの位置にきたとき、はじかれたように先の足が開いていきます。

とまどいのある子へは、大人が両手をたずさえて一緒にやります。 また、スキップをたくさんすることも大切です。

6才児では円形にまわりながら、2小節ぐらいで「ハイッ！」のかけ声で、内向き・外向きと向きを変えたりします。

また4小節ぐらいでのかけ声で反対方向へなどもできます。

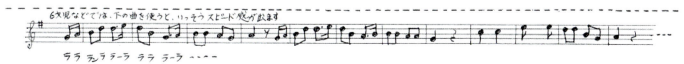

30 ポルカ

6才から

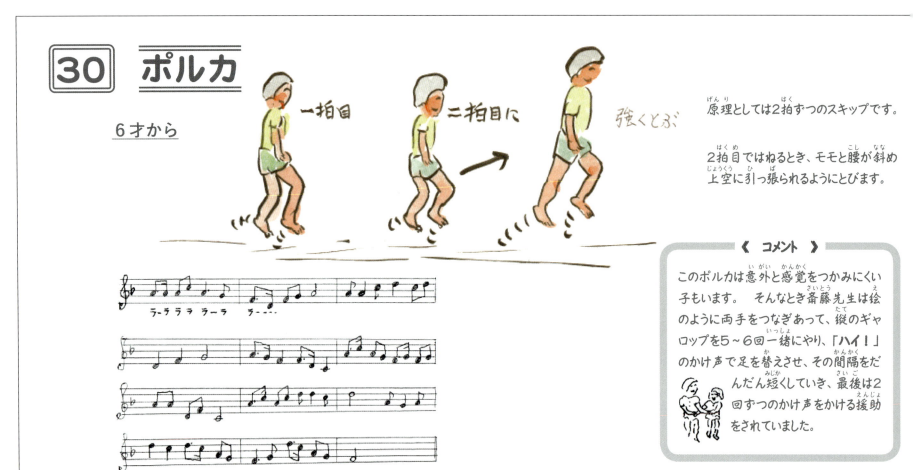

原理としては2拍ずつのスキップです。

2拍目ではねるとき、モモと腰が斜め上空に引っ張られるようにとびます。

ラーララヲ ラーラ ラー・・・

《 コメント 》
このポルカは意外と感覚をつかみにくい子もいます。 そんなとき斎藤先生は絵のように両手をつなぎあって、縦のギャロップを5〜6回一緒にやり、「ハイ！」のかけ声で足を替えさせ、その間隔をだんだん短くしていき、最後は2回ずつのかけ声をかける援助をされていました。

《 コメント 》 くりかえしになりますが、先生はとりわけこの「ポルカ」への指導は、出来ない子にはすかさず手を取って、ここで紹介した援助をされ、決してその子に「恥をかかせない」ようにされていました。 それがたとえ不十分でも、透明感とキレのある声で、「ホラ出来たー！」と褒め言葉を添えておられました。 「要求すること」と「恥をかかせない」という使い分けにしっかり習熟したいものです。
　また近年、小学3年生以上レベルの難易度の高いステップを年長の課題にしている場面に出会うことがあります。 しかし私が遭遇した限り、その子たちの顔に笑顔が溢れていることは少なかったように見えました。 もっと基本となるスキップやギャロップ、ポルカを身体全体で心から楽しくステップが踏める方向こそ、斎藤公子氏が目指した「幼児の舞踊の真の姿」と思うのです。
　なお5才からでも可能な子がいたとしても6歳を待つようにしましょう。 あせらないでスキップや横のギャロップを十分楽しむようにすることをお勧めします。

31 肩甲骨の脱力

まず背中の、このあたりのどこかに膝を押しあてても痛くなく、とても気持ちのいい場所がピンポイントでありますので、その場所を膝をあてながら丁寧にさぐります。

ささえる場所は、肩のつけねから腕にむかう部分の脇の部分です。

肩甲骨と肩甲骨の間に援助者の膝を少し強めに押し当てて、7〜8秒胸をしっかり開きます。

される方は、後ろに完全に脱力して頭を援助者の膝に枕のように完全にあずけます。

こんどは前に7〜8秒完全に脱力します。

これらを2〜4回ぐらいくりかえします。

また前へ脱力するときも援助者は脇の手の位置を常に離さないようにします。ですから脱力をしきった位置でも脇の手は保持したままです。

♪歌は後編(21)の「お船」をとてもゆっくりと歌いながらおこないます。

32 ちょう ［1］

（一つ前（31）の肩甲骨をひろげる援助をしてから行うと、とても胸が広がります）

♪　歌のテンポはとてもゆっくりと

＊　肩から腕、そして上半身全体の力を十分ぬき肩甲骨で踊る感じです。

＊　足は小走りですが、スピードも出してバレリーナのように、やや爪先で風のように走ります。方向は自由に。

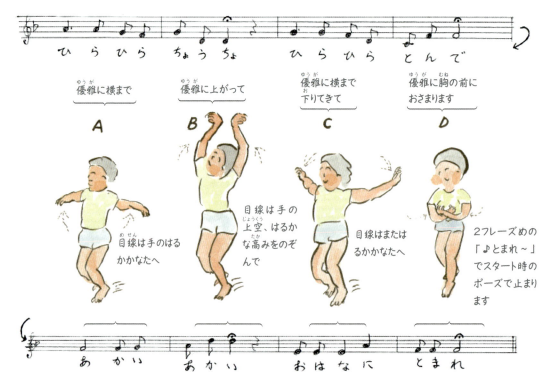

A　優雅に横まで　目線は手のはるかかなたへ

B　優雅に上がって　目線は手の上空、はるかな高みをのぞんで

C　優雅に横まで下りてきて　目線はまたはるかかなたへ

D　優雅に胸の前におさまります　2フレーズめの「♪とまれ～」でスタート時のポーズで止まります

ひらひら　ちょうちょ　ひらひら　とんで
あかい　あかい　おはなに　とまれ

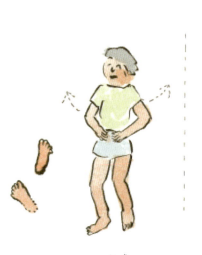

スタート前の足の位置　後ろのカカトはやや上げて

［2］へ続く→

32 ちょう [2]　「ちょう」の展開

移行

2回目の「C」でゆったり止まり、その場で腰をおろす

うしろのカカトと足指はしっかり立て、腰（おしり）は落とさない

2番　上半身のみでおどる

歌詞
ひらひら ちょうちょ ひらひら とんで 白い白い おはなに とまれ

移行

上半身のCの位置でとまり

ゆっくり立ちあがり

Dの形にもどります

3番

一番の歌詞で再び走りだしておどります
最後は止まってポーズをとるか、ちょうど終わるタイミングで席にもどります。

ポイント①

Bの時、手の甲をあわせます

ポイント②

足の踏み出しや首（顔）の向く方向は自由です

33 海だ海だ

3才(さい)ぐらいからできる集団(しゅうだん)あそびです

(一) うみだ うみだ あおいな— そらと どっちが あおいだろ—
(二) うみだ うみだ ひろいな— そらと どっちが ひろいだろ—
ザンブリコー！ ザンブリコー！

歌いながら、手をつなぎあって前後(ぜんご)にふる

ZamBuRiCo—！ ザンブリコー！

「ザンブリコー！」と言いながら、手をつなぎあったまま走って行って<u>ブツかりあう。</u>

ぶつかって転んだときも<u>手を離さないようにする</u>と、より盛り上がります。

2〜3回くりかえします

ちょっと散歩　てつだう・はたらく

畑づくりの6才児

タイヤひき 3〜4才

斎藤先生は、運動会の時のメニューに取り入れておられました

先生への想い

　私が斎藤先生に出会ったのは３５才のときでした。　それまでの人生で見たこともないほどの大きな　大きな《　山　》でした。　即座に自分の人生を「この人」に賭けようと決めました。

　それから３０年ちかく、わたしは今、縁あって南米アルゼンチンの貧困地区や先住民地域で、最重度の障がい児をかかえる家族の支援活動として、斎藤メソッドを普及する日々をおくってきました。

　先生の《　山　》の大きさから見れば、２合目あたりを悪戦苦闘する日々でした。　しかし、先生をいつも感じつつ日々が送れたことは、ある意味とても幸せなことと思っています。

・・・・・・・・・・・・・・・・・・・・・・・

追想・・「　１万坪の　さくら・さくらんぼ保育園の敷地に・・今日も、『ハラヤー』　『ハラヤー』の声が・・・先生が私を叱る声です。　でも、どんな時でも私には、《　もっと前へ！　もっと前へ！　》　としか聞こえませんでした。」

　２００９年４月、まことに残念ながら先生は亡くなられました。　その３ヶ月ほど前、私は、『漫画で見る斎藤メソッド・土台編』をアルゼンチンで出版するため深谷におもむき、先生に直接　眼をとおしてもらいました。　「　この絵は、介助者の足の親指も立っていなければダメ・・」など、予想に反して、一ページずつ全部に目を通してもらいました。　そして、再修正のあと、「もう十分だよ・・本にしてもいいよ・・」・・の声を電話でいただきました。

　先生の死を、「大往生だった・・」という人がいるとすれば、私は大きな声で　《　NO！　》　と叫びたいです。　私には、先生は今でも、「さらに学習を！　さらに実践を！　さらに子供のための闘いを！」・・と身もだえし、歯軋りされているとしか思えません。

　小泉英明博士が言われているように、きっと「　時代が先生に追いつく　」　時がくることを信じて、私に出来る身の丈の努力を、いま少し・・・続けようと思っています。

・・・・・・・・・・・・・・・・・・・・・・・

　さて、この冊子は、アルゼンチンで、スペイン語で出版したものの日本語版です。　そのため、あくまでもアルゼンチンで紹介できるものに限定されていることをご了承ください。

　先生は、「　サッカーをやらせる保育園がある　」とか、「　３才児に、スキップをやらせている　」　などの話を聞くと、いつも無念そうな表情を見せておられました。　先生は決して、無理なことを子どもたちに求めておられた訳ではありません。

　しかし一方、"６才" に到達した子たちには、「　一生懸命やれば誰でもできるようになるよ　」・・と、時には毅然とした要求もされてもいました。

　先生に　この資料を、再度目を通してもらうことは叶わぬこととなりました。　でも、私には聞こえてきます。　「ハラヤ！　勉強不足だねー」　のいつもの先生の声が。　そして、私が聞いた先生の最後の肉声は、わたしのつれあいに向かって言われた言葉でした。　・・　「　奥さん。わたしはね、ただ子どもたちから学ばせてもらった、ほんとにただ　それだけなのですよ・・・」　と。

原屋　文次
fumitsugu

略歴（１９４７年、島根県奥出雲町生まれ）
・国立音楽大学在学歴あり。　東洋大学文学部卒業。
・３５歳のとき斎藤公子著『あすを拓く子ら』に出会い衝撃を受け脱サラ、埼玉県のさくらんぼ保育園で研修生として２年間、斎藤公子氏より直接薫陶をうけ、以来３０年ちかく学び続けてきた。
・１９８５年（昭和６０年）松江保健生協立総合病院の院内保育園で保育者として勤務。
・２０００年（平成１２年）国のJICA（国際協力機構）よりアルゼンチンへ日系シニアボランティアとして２年間派遣される。その際、スラムや障がい児の問題に遭遇し支援を開始する。
・帰国後、夫婦でNGO「南米ひとねっとハポン」を立ち上げ、２００３年（平成１５年）～２０１３年（平成２５年）まで、アルゼンチンにおいて現地のスラムや先住民の村で斎藤公子メソッドの普及を中心とした活動を、JICAの草の根技術協力事業の委託なども受けながら展開する。
・現在は現地での活動報告をしながら「斎藤公子メソッド」の個人としての学びと普及を継続している。

この本の内容を、先生に直接チェックしていただいたあとで

原屋　文次（はらや　ふみつぐ）
〒690-0064　松江市天神町86
E-mail hitonetharaya@yahoo.co.jp

絵で見る 斎藤公子のリズムあそび

2019年7月25日　第3刷発行

著　　　　　者	原屋　文次
企　画　・　編　集	Kフリーダム
編集アシスタント	古賀　海華穂
発　　行　　者	桐野　昌三
発　　売　　所	株式会社 かもがわ出版
	〒602-8119　京都市上京区堀川通出水西入
	TEL 075-432-2868　FAX 075-432-2869
	http://www.kamogawa.co.jp/
印　　　　　刷	モリモト印刷株式会社
	ISBN978-4-7803-0874-7
	C0037

乱丁・落丁本はお取りかえいたします。